MEZZO-SOPRANO ARIAS

with

PIANO ACCOMPANIMENT

MUSIC MINUS ONE

4016

SUGGESTIONS FOR USING THIS MMO EDITION

We HAVE TRIED to create a product that will provide you an easy way to learn and perform these arias with piano accompaniment in the comfort of your own home. Because it involves a fixed accompaniment performance, there is an inherent lack of flexibility in tempo and cadenza length. The following MMO features and techniques will reduce these inflexibilities and help you maximize the effectiveness of the MMO practice and performance system:

The compact disc included with this edition features CD+G graphics encoding so that, with a CD+G-capable player, you can view the lyrics in real-time on a television monitor. This can be used as a visual cueing system, especially valuable after the solo part has been learned, during performance.

We have observed generally accepted tempi, and always in the originally intended key, but some may wish to perform at a different tempo, or to slow down or speed up the accompaniment for practice purposes; or to alter the piece to a more comfortable key. You can purchase from MMO specialized CD players & recorders which allow variable speed while maintaining proper pitch, and vice versa. This is an indispensable tool for the serious musician and you may wish to look into purchasing this useful piece of equipment for full enjoyment of all your MMO editions.

We want to provide you with the most useful practice and performance accompaniments possible. If you have any suggestions for improving the MMO system, please feel free to contact us. You can reach us by e-mail at info@musicminusone.com.

CONTENTS

4016

MINUS VOCALIST TRACK   **PAGE**

1 Gluck: *Orfeo ed Euridice,* Act III:
      'Che farò senza Euridice?' ('What Is Life without Euridice?')............ 4

2 Händel : *Xerxes (Serse),* HWV40:
      'Ombra mai fù' (Largo)_ 8

   Mozart: *Le Nozze di Figaro (The Marriage of Figaro),* KV492
3   Act II: 'Voi, che sapete che cosa è amor' (Cherubino) 10

4   Act I: 'Non so più cosa son' (Cherubino)..................................... 14

5 Thomas: *Mignon:*
      'Connais-tu le pays...' (Mignon)... 20

6 Ponchielli: *La Gioconda,* Act I:
      'Voce di donna o d'angelo' (Cieca).. 26

7 Verdi: *Il Trovatore* - Act II:
      'Stride la vampa!' (Azucena)... 29

   Saint-Saëns: Samson et Dalila, op. 47:
8   Act I: 'Printemps qui commence' (Dalila)................................... 33

9   Act II: 'Amour, viens aider' (Dalila) 38

10   Act II: 'Mon coeur s'ouvre à ta voix' (Dalila) 43

   Bizet: *Carmen*, Act I:
11   'L'amour est un oiseau rebelle' La Habanera.................................. 53

12   'Près des Remparts de Séville' (Seguidilla) 58

ISBN 1059615-506-X

'Che farò senza Euridice?'
Orfeo ed Euridice, Act III

Christoph Willibald Gluck
(1756-1791)

Allegretto.

MEZZO-SOPRANO

PIANO

Orfeo: Che fa - rò sen-za Eu - ri - di - ce? Do-ve an-drò sen-za il mio ben? Che _ fa - rò?___ Do - ve an - drò?___ Che fa - rò sen - za il mi-o ben? Do - ve an - drò__ sen - za il mi - o ben? Eu-ri

'Ombra mai fù'(Largo)

Xerxes (Serse), HWV40

Georg Friedrich Händel
(1685 -1759)

29
cresc.
p
di ve-ge - ta - bi-le, ca-ra ed a - ma - bi-le, so-a - ve più, ca -
cresc.
p
35
mf
- ra ed a - ma - bi-le, om - bra mai fu di ve-ge -
mf
40
ta - bi-le, ca - ra ed a - ma - bi-le so - a - ve più,
45
p allarg.
3
so - a-ve - più.
p col canto
p

'Voi, che sapete'
Le Nozze di Figaro (The Marriage of Figaro), KV 492

Wolfgang Amadeus Mozart
(1756-1791)

Andante con moto

Ein_ un mo - men - to_ tor - no_a ge - lar. Ri - cer∘o_un

be - ne fuo - ri di me, Non so chi_il tie - ne,

non so cos' è. So - spi - ro_e ge - mo sen-za vo - ler, Pal - pito_e

tre - mo sen-za sa - per. Non tro-vo pa - ce not - te, nè di, Ma pur mi

pia - ce l'an - guir co - si.   Voi,   che sa - pe - te

che   co - sa è a-mor,   Don - ne, ve - de - te,   s'io   l'ho nel

cor,   Don - ne, ve - de - te,___   s'io   l'ho nel cor,

Don - ne, ve - de - te,___   s'io   l'ho nel   cor.

'Non so più cosa son'
Le Nozze di Figaro (The Marriage of Figaro), KV492

Wolfgang Amadeus Mozart
(1756-1791)

fa pal - pi - tar. So - lo ai no - mi d'a-mor, di di-

let - to, mi si tur - ba, mi s'al - te-ra il pet - to,

e a par - la - re mi_ sfor - za d'a - mo - re

un de - si - o, un de - si - o ch'io non pos - so spie-

tar, o - gni don-na mi_ fa pal - pi - tar, o - gni don - na mi

fa pal - pi - tar. Par - lo d'a-mor ve -

glian - do, par - lo d'a-mor so - gnan - do, all'

ac - qua, all'om - bra,ai mon - ti, ai fio - ri, all'er - be,ai fon - ti, all'

'Connais tu le pays?'

Mignon

Ambroise Thomas
(1811-1896)

en me-ten-dant les bras,_____ Et la cour où l'on danse_____ à

l'om - bre d'un grand ar - bre, Et le lac trans-pa-

rent, où glis - sent sur les eaux. Mil - le ba-teaux lé-

gers, pa-reils à des oi - seaux?_____ Hé - las!

Que ne puis-je te sui - vre Vers ce pa-ys loin - tain d'où le sort m'è - xi-

la! C'est là,___ c'est là que je vou-drais vi - vre. Ai - mer, ai-mer et mou-

rir!_____ C'est là que je vou-drais vi - vre, c'est

là! Oui,___ c'est là!

'Voce di donna'
La Gioconda

Amilcare Ponchielli
(1834-1886)

Vo - ce di don - na_o d'an - ge - lo le mi - e ca - te - ne ha

sciol - to, Mi vie - tan le mie te - ne - bre di

quel - la__ san - ta, di quel - la san - ta_il vol - to. Pu - re da me non

par-ta-si, da me non par - ta-si, sen-za_un pie-to - so don, no!

no!_____ A te que-sto ro-sa - rio che le pre-ghie-re_a-

du - na, Io te lo por-go,ac - cet - ta-lo, ti-por-te-

rà for-tu - na.___ Sul-la tua te-sta vi-gi-li la mia be-ne-di-

'Stride le vampa!'
Il Trovatore, Act II

Giuseppe Verdi
(1813-1901)

don - na s'a - van - za! Si - ni - stra splen - - de
sui vol - ti or - ri - - bi - li la te - tra fiam -
ma che s'al - za, che s'al - za al ciel,
che s'al - za al ciel!

Stri - de la vam - - pa! giun - - ge la

vit - ti - ma ne - ro ve - sti - - - ta, di - -

scin - tae scal - - za! Gri - - do__ fe - ro - ce

di____ mor - te__ le - va - si, l'e - co_il ri - pe - te

'Printemps qui commence'
Samson et Dalila, Act I

Camille Saint-Saëns
(1835-1921)

Vient____ sé - cher nos pleurs; Tu rends à la ter-re, Par un doux mys-

tè - - - re, Les____ fruits et les fleurs. En vain je suis

cresc.

bel - le! Mon coeur plein d'a - mour, Pleu - rant l'in - fi - dèle, At -

tend son re - tour! Vi - vant d'es-pé - ran - ce, Mon coeur dé-so-

cresc.

lé Gar - de sou-ve - nan - ce Du bon-heur pas -

sé! A la nuit tom-

ban - te J'i - rai, triste a - man - te, M'as-seoir au tor - rent,

L'at-tendre en pleu - rant! Chas - sant ma tris - tes - se,

'Amour, viens aider'

Samson et Dalila, Act II

Camille Saint-Saëns
(1835-1921)

Allegro agitato

Dalila: Sam - son,____ re-cher-chant ma pré - sen - ce, Ce soir doit ve-nir en ces

lieux. Voi-ci l'heu - re de la ven-

gean - ce Qui doit sa-tis-fai-re nos dieux!

A - mour! viens ai - der ma fai - bles - se! Ver - se le poi-

son dans son sein! Fais que, vain - cu par mon a - dres -

se, Sam - son soit en-chaî - né_____ de - main!

Il vou-drait en vain de son â - me Pou-voir me chas-ser, me ban-

nir! Pour-rait - il é-tein - dre la flam - me Qu'a-li-

men - te le sou-ve - nir? Il est à moi! c'est mon es-cla -

ve! Mes frè - res crai - gnent son cour-roux; Moi

seule, en-tre tous, je le bra - - - - - - ve, Et le re - tiens à mes_____ ge - noux! A -

mour! viens ai-der ma fai - bles - se! Ver - se le poi-

son dans son sein! Fais que, vain - cu par mon a -

'Mon coeur s'ouvre à ta voix'

Samson et Dalila, Act I

Camille Saint-Saëns
(1835-1921)

22
rinf.
mais! Re - dis à ma ten - dres - se. Les ser -
sf
p
25
stringendo
ments d'au - tre - fois,
stringendo
27
cresc.
ces ser - ments que j'ai - mais!
mf
rit.
rit.
mf
29
Un poco più lento
dolce
Ah! Ré -
Un poco più lento
pp

moi,_____ ver-se - moi_____ l'i - vres - - se!

Tempo I

Ain - - si qu'on

voit des blés, les e - pis on - du -
ler._____ Sous la bri - - - -
se lé - gè - - re.
Ain - si fré -

'L'amour est un oiseau rebelle' (Habanera)

Carmen, Act I

Georges Bizet
(1838-1875)

Si tu ne m'ai-mes pas, Si tu ne m'ai-me pas, je t'ai - me!

Mais, si je t'ai-me, Si je t'ai-me, prends gar - de à toi!___

L'oi-seau que tu croy-ais sur - pren-dre Bat-tit de

l'aile___ et___ s'en-vo - la; L'a-mour est loin, tu peux l'at - ten-dre; Tu ne l'at-

'Près des remparts de Séville' (Seguidilla)

Carmen, Act I

Georges Bizet
(1838-1875)

dille Et boi - re du Man - za - nil - la._____

J'i-rai chez mon a - mi Lil - las Pas - tia._____

sempre **pp**

sempre **pp**

Oui,___ mais tou - te seule on s'en-nui - e, Et les vrais plai - sirs

sont à deux;___ Donc, pour me te - nir com-pa - gnie, J'em-

mè - ne - rai mon a - mou - reux!_____ Mon a-mou-

reux, il est au dia - - - ble, Je

l'ai mis à la por - te hier! Mon___ pau - vre coeur

très con-so-la - - ble, Mon___ coeur est li - - -bre

com - - me l'air! J'ai les ga-lants à la dou-zai - ne,

Mais ils ne sont pas à mon gré. Voi - ci la fin de

la se-mai - - ne; Qui veut m'ai-mer? Je l'ai-me - rai!

Qui veut mon â - - - me? Elle est à pren-dre. Vous ar-ri-

vez___ au bon mo - ment!___ Je n'ai guè - re le temps d'at-

ten - dre, Car a - vec mon nou - vel a - mant,___

Près des rem - parts de Sé - vil - - - le,

Engraving: Wieslaw Novak

MUSIC MINUS ONE
50 Executive Boulevard
Elmsford, New York 10523-1325
1.800.669.7464 (U.S.)/914.592.1188 (International)

www.musicminusone.com
e-mail: mmogroup@musicminusone.com

MMO 4016   Pub. No. 0399   Printed in Canada